Hazrat Inayat Khan, Charakter und Persönlichkeit

HAZRAT INAYAT KHAN

CHARAKTER UND PERSÖNLICHKEIT

EAST-WEST PUBLICATIONS FONDS B. V.
Den Haag (Holland)

Aus dem Englischen übertragen

ISBN 90 70104 48 2

Anna Paulownastraat 78
2518 BJ DEN HAAG (Holland)

Nähere Auskunft über die von Hazrat Inayat Khan gegründete Sufi-Bewegung und über ihre Tätigkeit in den verschiedenen Ländern erteilt auf Anfrage das Internationale Hauptquartier der Sufi-Bewegung, 11 rue John Rehfous, Genf (Schweiz) und das Generalsekretariat der Sufi-Bewegung, Anna Paulownastraat 78, 2518 BJ Den Haag (Holland)

VORWORT

«Wie Gott die ganze Natur erschaffen hat, so erschafft auch jeder einzelne Mensch seine eigene Natur.» (Gayan.)

Die Hindus nennen die Schöpfung den Traum Brahmas. Was aber ist der Traum? Im Traum spielen Denken und Fühlen ungehemmt ihr Spiel und leben sich ganz aus. So ist das Wesen des Menschen die Offenbarung seiner Gedanken und Gefühle, wie ja «das Antlitz des Menschen das Abbild seiner Gedanken ist». Im Antlitz spiegeln sich die Eindrücke wider, die der Mensch empfängt. Von Anbeginn an und sein ganzes Leben lang bildet jeder Mensch sein Wesen auf Grund der Eindrücke, die sich in ihm angesammelt haben und die zu seinen Attributen und Eigenschaften werden. «Das einzige, was sich durch unser Leben bildet, ist unser eigenes Wesen.» (Gayan.) «Der Mensch kann sich ein Wesen formen, so schön er nur will. Eine bezaubernde Persönlichkeit ist wie ein herrliches Kunstwerk, dem überdies Leben verliehen worden ist.» (Gayan.) «Eine bezaubernde Persönlichkeit ist ein großer Reichtum.» (Nirtan.) Sie ist der Schatz, den der Mensch «sich im Himmel sammelt», wie Christus gesagt hat. «Hier beginnt das Himmelreich.» «Die Kunst, eine Persönlichkeit zu sein, erlaubt dem Menschen, nicht nur sich selbst Genüge zu tun, sondern auch Gott wohlzugefallen.» (Charakter und Persönlichkeit.)

VOM CHARAKTER

I.

Beim Formen unseres Charakters spielt die Willensstärke eine große Rolle. Wenn wir jeder kleinen Laune, jeder Neigung und Grille nachgeben, schwächen wir unsere Willenskraft; doch wenn wir dagegen angehen, lernen wir, mit uns selbst zu kämpfen, und entwickeln dadurch unsere Willensstärke. Sobald aber unsere Launen und Neigungen stärker sind als unsere Willenskraft, stehen wir in unserem Leben einer Anzahl in uns selbst befindlicher Feinde gegenüber, deren Bekämpfung uns schwer fällt. Einmal mächtig geworden, lassen unsere Launen und Neigungen nicht mehr zu, daß die Willenskraft ihnen entgegenwirkt. Wenn es etwas Derartiges wie Selbstverleugnung gibt, so ist sie in diesem Kämpfen enthalten. Durch dieses Kämpfen erwirbt man mit der Zeit eine Macht, die man Selbstbeherrschung nennen kann. Bei den kleinen Vorkommnissen des täglichen Lebens pflegt man über solche Erwägungen hinwegzugehen. Man denkt sich: «Es sind ja meine Launen, meine Neigungen, meine Grillen; und wenn ich sie achte, achte ich mich selbst, wenn ich sie berücksichtige, nehme ich Rücksicht auf mich selber.» Aber dabei vergessen wir, daß das, was wir «mein» nennen, nicht unser Sein ist; dasjenige, was wir wollen, ist unser Sein. Darum heißt es im Vaterunser «Dein Wille geschehe», was soviel bedeutet wie: «Dein Wille, der durch mich wirkt», oder «mein Wille, der der Deine ist, geschehe.» Dieses trügerische Verwechseln unseres Besitzes mit unserem Sein ist die Ursache aller Illusion und hält uns von der Selbsterkenntnis fern.

Das Leben ist ein ständiger Kampf. Der Mensch bekämpft außerhalb von ihm liegende Dinge und bietet dadurch den in ihm selbst befindlichen Feinden freie Entfaltungsmöglichkeit. Darum ist es im Leben vor allem nötig, zuerst mit der Außenwelt Frieden zu schließen, um sich auf den Kampf vorzubereiten, den man in sich selbst ausfechten muß. Hat man einmal mit sich selbst Frieden geschlossen, so erwirbt man dadurch jene Kraft und Stärke, die man im Kampf mit dem Leben in und um sich gebraucht. Sich selbst bemitleiden ist die schlimmste Armut. Wenn jemand in wehleidigem Ton sagt: «Ach, ich bin . . .», hat er sich, bevor er noch ein weiteres Wort spricht, schon um die Hälfte seines Wertes gebracht, und was er dann noch sagt, entwertet ihn vollends, so daß dann nichts mehr von ihm übrigbleibt. Es gibt so vieles in der Welt, was wir beklagen können und mit vollem Recht bedauern sollen, aber wenn das eigene Ich alle unsere Zeit für sich beansprucht, können wir uns mit nichts anderem mehr in der Welt befassen. Das Leben ist eine einzige lange Reise, und je weiter wir unser Ich hinter uns lassen, desto mehr nähern wir uns dem Ziele. Wahrlich, wer das falsche Ich verliert, entdeckt das wahre Selbst.

II.

Wer seinen Charakter formen will, muß zuerst lernen, wie er der Welt gegenübertreten soll, wo Sorgen und Kummer, Freuden und Leiden ihn erwarten. Es ist sehr schwer, seine Gefühle vor der Welt zu verbergen, und doch sollte ein kluger Mensch nicht zeigen, was er alles fühlt, noch jeden Augenblick bekennen, was er fühlt. Gewöhnliche Menschen reagieren ganz mechanisch auf jeden äußeren Anlaß und auf jede innere Regung und können sich deshalb sehr oft nicht an das Gesetz der Musik des Lebens halten. Für den weisen Menschen ist das Leben eine Symphonie, in welcher er eine gewisse Stimme zu spielen hat. Wenn man so niedergeschlagen ist, daß das Herz auf einer tieferen Tonstufe erklingt, das Leben aber in diesem Augenblick einen Klang auf einer höheren Tonstufe verlangt, dann fühlt man, daß man in dieser Symphonie versagt hat, statt seine Stimme richtig zu spielen. Dies ist die Prüfung, bei der man eine alte von einer jungen Seele unterscheiden kann. Die junge Seele wird jedem Gefühl Raum geben, die alte Seele aber trotz allen Schwierigkeiten den höheren Ton fest anschlagen. Es gibt Augenblicke, wo man sich des Lachens enthalten soll, und Zeiten, wo man die Tränen zurückdrängen muß. Wer einmal diese Stufe erreicht hat, wo er die Rolle, die ihm im Drama des Lebens zugeteilt wurde, gut spielen kann, der hat auch Macht über seinen Gesichtsausdruck, ja er kann sogar Tränen in Lächeln und Lachen in

Tränen umwandeln. Man könnte fragen, ob ein solches unnatürliches Gebaren nicht Heuchelei ist. Wer seine Natur zu beherrschen weiß, ist mehr als natürlich; er ist nicht nur natürlich, sondern Herr über die Natur. Wer aber keine Macht über die Natur hat, ist trotz aller Natürlichkeit schwach.

Ueberdies muß man dessen eingedenk sein, daß wahre Kultur mit Lebenskunst gleichbedeutend ist. Worin besteht diese Kunst? Im Wissen von der Musik des Lebens. Sobald uns die ewige Musik des Lebens erschlossen ist, betrachten wir es als unsere Pflicht, als unsere Aufgabe, unsere Rolle im äußerlichen Leben zu spielen, auch wenn sie augenblicklich unserer inneren Stimmung nicht entspricht. Wir müssen in unserem Alltagsleben jederzeit wissen, was das Leben von uns verlangt und wie wir seiner Forderung nachkommen sollen. Dazu müssen wir den Erfordernissen und Umständen des Lebens wachen Sinnes gegenüberstehen. Wir müssen in die menschliche Natur Einblick haben und fähig sein, unsere eigene Lage und unsere Lebensumstände völlig zu begreifen. Es ist nicht damit getan, daß wir uns sagen: «Ich bin, wie ich bin; wenn ich traurig bin, bin ich eben traurig; wenn ich froh bin, bin ich froh.» Nicht einmal die Erde wird einen Menschen tragen wollen, der den Forderungen des Lebens nicht nachkommt. Der Himmel wird den nicht dulden, und in den Sphären wird kein Raum für den sein, der nicht bereitwillig erfüllt, was das Leben von ihm verlangt. Da dem so ist, ist es am besten, wenn wir es unbeschwert und gerne tun.

Im Orchester gibt es einen Dirigenten und viele Musiker, und jeder der Orchestermusiker muß sein Teil zur Aufführung beitragen. Wenn er es nicht richtig tut, ist es seine Schuld. Der Dirigent wird es nicht dabei bewenden lassen, wenn einer der Musiker ihm sagt, er habe nicht richtig gespielt, weil er traurig oder übermütig war. Denn der Dirigent interessiert sich nicht für dessen Traurigkeit oder Fröhlichkeit, er hat nur Interesse für die Stimme, die der Musiker im Ensemble der Symphonie zu spielen hat. So ist das Wesen unseres Lebens. Je größere Fortschritte wir machen, um so fähiger werden wir, unsere Stimme in der Symphonie des Lebens befriedigend auszuführen. Was ist also nötig, um sich selbst in der Gewalt zu haben? Wir müssen unser inneres Selbst unter Kontrolle haben, denn jede äußerliche Bekundung ist nichts als eine Reaktion auf einen inneren Zustand. Darum muß man zuerst das eigene, das innere Selbst zu kontrollieren wissen. Dazu gelangt man durch Stärkung des Willens und auch durch besseres Verständnis des Lebens.

III.

Es ist unbedingt nötig, im täglichen Leben Herr seiner Worte und Taten zu sein. Denn einem inneren Antrieb folgend läßt man unwillkürlich ein Wort fallen und findet hinterher, daß man es besser nicht gesagt hätte oder daß man sich anders hätte ausdrücken sollen. Genau so ist es mit unserem Tun. Nachdem man etwas getan hat, fühlt man: «Das hätte ich nicht tun sollen», oder man denkt: «Das hätte ich anders machen müssen.» Aber was geschehen ist, kann nicht mehr ungeschehen gemacht werden. Es drängt die menschliche Natur, sich zu äußern, und dieser Drang entreißt dem Menschen gewissermaßen ein Wort, bevor er es noch bedacht hat. Dies weist auf einen Mangel an Selbstbeherrschung hin und ist auch ein Zeichen von Nervosität. Sehr oft sucht man jemandem zu antworten, bevor er ausgesprochen hat; bevor er den Satz beendet hat, ist die Antwort schon da. Eine solche Antwort auf einen unvollständigen Satz ist oft nicht zutreffend. Das kommt im allgemeinen daher, daß man sich alles, was von außen kommt, zu sehr zu Herzen nimmt, und daß man sich von äußeren Dingen und Einflüssen tiefer beeindrucken läßt, als gut ist. Hierdurch wird man überempfindlich, und daraus wieder entwickelt sich Nervosität.

Um uns im täglichen Leben bei allem unserem Tun beherrschen zu können, machen wir uns am besten einen gewissen Grad von Gleichmut zu eigen. Wir brauchen nicht alles, was man uns sagt, so ernst zu nehmen, daß es unser ganzes Wesen aus der Fassung bringt, unser Gleichgewicht stört und uns unserer Willenskraft beraubt. Es gibt im täglichen Leben mancherlei wichtige, aber auch viele nicht sehr wichtige Dinge; doch neigen wir allzu leicht dazu, ihnen zuviel Gewicht beizumessen. Durch Gleichmut erwerben wir Unabhängigkeit. Das soll jedoch nicht heißen, daß wir uns nicht darum kümmern sollen, was andere sagen oder tun, sondern nur, daß wir zwischen wichtigen und unwichtigen Dingen des täglichen Lebens unterscheiden und daß nicht alle nützlichen und unnützen Dinge unsere Aufmerksamkeit, unser Denken und Fühlen übermäßig in Anspruch nehmen sollen. Nationalökonomie ist ein Lehrfach geworden; geistige Oekonomie aber ist das Wesentlichste auf dem Gebiet der Religion. Alles, was man sagt und tut, denkt und fühlt, bedeutet eine gewisse Anstrengung für den Geist. Darum ist es weise, wenn man jeden Anlaß, das seelische Gleichgewicht zu verlieren, meidet. Friedfertig, aber fest müssen wir allen Einflüssen gegenüberstehen, die unser Leben stören. Es ist eine natürliche Regung, sich gegen jeden Anstoß von außen her zu wehren, aber dadurch kommt man nur aus dem Gleichgewicht. Deshalb ist Selbstbeherrschung der Schlüssel zu allem Erfolg und Glück.

Nun gibt es viele Menschen, die sich zum Reden oder Handeln getrieben und verpflichtet fühlen, weil man es von ihnen erwartet; dadurch werden sie schwächer und schwächer. Andere wiederum stemmen sich heftig dagegen. Beide sind im Irrtum. Wer das Gleichgewicht bewahren kann, ohne sich zu ärgern oder zu beunruhigen, erlangt die Meisterschaft, die für die Entwicklung im Leben nötig ist. Keinem Prinzip soll man blindlings folgen. Geistige Oekonomie ist keine Tugend mehr, wenn sie die Harmonie stört, den Menschen in seinem Fortschritt hemmt oder ihn in eine schlechtere Lage bringt. Doch ist es dringend notwendig, die Wissenschaft der geistigen Oekonomie zu kennen und zu wissen, wie man sich im täglichen Leben gegen alle Einflüsse wappnen kann, die unsere Ruhe, unseren Seelenfrieden stören könnten.

IV.

Es ist im Hinblick auf das Formen des Charakters sehr wichtig, dass wir uns unserer Beziehungen und Verpflichtungen und unserer Schuldigkeit gegenüber jedermann bewußt werden und keine Drittperson in das Verhältnis und in die Verbindung hineinziehen, die wir mit einem anderen hergestellt haben. Wir müssen alles, was uns jemand im Leben anvertraut, als ein uns anvertrautes Pfand betrachten und wissen, daß es unsere heilige Pflicht ist, uns des Vertrauens jedcs Menschen würdig zu erweisen. So bildet sich mit jedermann eine harmonische Verbindung; und die Harmonie, die zwischen uns und den andern besteht, stimmt unsere Seele auf die Unendlichkeit. Es ist ein langes Studium der menschlichen Natur und viel Takt erforderlich, um mit allen Menschen einträchtig zu leben. Wenn man einen Menschen bewundert oder ihm grollt, ist es besser, es nur ihm direkt zu sagen, anstatt noch andere Bekannte und Beziehungen in die Sache hineinzuziehen. Nicht nur unter Freunden, sondern auch Bekannten gegenüber muß man dessen eingedenk sein und so das zarte Band, das zwei Seelen in irgendeiner Hinsicht oder Eigenschaft verknüpft, sorgsam pflegen.

In der Sprache der Hindus heißt «Dharma» Religion, aber die genaue Bedeutung des Wortes ist Pflicht. Es besagt, daß unser Verhältnis zu jedermann in der Welt unsere Religion ist, und je gewissenhafter wir auf dieses Verhältnis achten, um so eifriger erweisen wir uns in der Ausübung unserer Religion. Es ist unsere heiligste Pflicht, das Geheimnis unserer Freunde und Bekannten zu hüten, auch wenn wir uns gelegentlich über sie ärgern. Wer so seiner Religion nachlebt, wird es nie für richtig halten, andern zu erzählen, daß ein Freund ihm Kummer oder ein Unrecht zugefügt hat. Auch so lernt man Selbstverleugnung, nicht nur durch Fasten oder durch die Flucht in die Einsamkeit. Wer sich seiner Pflicht und Schuldigkeit Freunden gegenüber bewußt ist, ist frömmer, als wer allein in der Zurückgezogenheit lebt. Der Einsiedler dient nicht Gott, sondern nur sich selbst, denn er genießt die Freuden der Einsamkeit. Aber wer sich des Vertrauens jedes Menschen, der ihm begegnet, würdig erweist, und wer seine Beziehungen und Verbindlichkeiten, die kleinen wie die großen, heilig hält, der befolgt ganz sicher das geistige Gesetz jener Religion, welche die Religion aller Religionen ist.

Wie steht es nun mit den Fehlern? Jedermann hat Fehler. Wir selbst, unsere Freunde, unsere Feinde — wir alle sind mit Fehlern behaftet. Wer seine eigenen Fehler nicht aufgedeckt sehen möchte, muß logischerweise gegenüber allen, mit denen er zusammentrifft, die gleiche Rücksicht üben. Wenn wir nur begriffen, was Freundschaft zwischen zwei Seelen bedeutet, wie zart, wie innig, wie schön, wie heilig ein solches Band ist, dann würden wir das Leben in seiner Fülle genießen! Denn dann wären wir wirklich lebendig, und auf diesem Wege müßten wir schließlich zur Vereinigung mit Gott gelangen. Das gleiche Band, das zwei Menschen auf Erden verbindet, wird, einmal geknüpft, der Pfad zu Gott. Es gibt keine größere Tugend in dieser Welt, als sich einem Freunde gütig, treu und seines Vertrauens würdig zu erweisen. In diesem Grundzug gerade zeigt sich der Unterschied zwischen der reifen und der unreifen Seele. Von eigener Freude, von eigenem Leid ganz in Anspruch genommen und ihrer ständig wechselnden Stimmung ausgeliefert, kennt die unreife Seele nur sich selbst und weiß nur, was sie sich wünscht. Die reife Seele achtet auf ihr Verhältnis zu jedermann und hält ihre Verpflichtungen gegenüber allen, die sie kennt, sorgfältig ein. Sollte sie Wunden tragen, so verbirgt sie diese vor den Blicken anderer und erträgt alles, um ihre Pflicht gegen alle, so gut sie kann, zu erfüllen.

V.

Das Merkmal des klugen Menschen ist Feinfühligkeit. Schlägt jemand den rechten Weg ein, so macht er guten Gebrauch von diesem Schatz an Einsicht; wer aber in falscher Richtung geht, kann mit dieser großen Gabe Mißbrauch treiben. Ein von Natur aus feinfühliger Mensch läßt sich mit einem, der es nicht ist, vergleichen wie der Fluß mit dem Berg. Der Feinfühlige ist schmiegsam wie fließendes Wasser, und alles, was ihm nahekommt, spiegelt sich so rein in ihm wider wie ein Bild im klaren Wasser. Doch die starre und aller Schmiegsamkeit bare Persönlichkeit ist wie ein Fels, der nichts widerspiegelt. Viele bewundern unverblümtes Reden, aber nur, weil sie kein Verständnis für feinfühliges Anpassungsvermögen haben. Kann man alles in Worte bringen? Gibt es nicht noch Schöneres und Feinfühligeres als das gesprochene Wort? Wer zwischen den Zeilen lesen kann, macht aus einem Brief ein ganzes Buch. Feinfühligkeit der Wahrnehmung und des Ausdrucks sind die Kennzeichen des Weisen. Weise und Toren kann man an ihrer Schmiegsamkeit oder ihrer Starrheit voneinander unterscheiden. Wem es an Feinfühligkeit gebricht, der möchte am liebsten die Wahrheit in Stein verwandeln. Der Feinfühlige hingegen wird sogar einen Stein zur Wahrheit machen. Wollen wir geistiges Wissen erwerben, Inspirationen empfangen und das Herz auf die innere Offenbarung vorbereiten, so müssen wir versuchen, unseren Sinn so geschmeidig wie Wasser, nicht aber einem Felsen gleich zu machen. Denn je weiter wir auf dem Pfad des Mysteriums des Lebens vordringen, um so feinfühliger müssen wir werden, um dieses Mysterium wahrzunehmen und ihm Ausdruck zu verleihen. Gott ist ein Mysterium; ihn kennen ist ein Mysterium; das Leben ist ein Mysterium, die menschliche Natur ist ein Mysterium; kurz: die Tiefe aller Erkenntnis ist ein Mysterium, sogar Wissenschaft und Kunst. Je geheimnisvoller etwas ist, desto tiefer ist es. Was taten die Propheten und Meister aller Zeiten? Sie verliehen diesem Mysterium in Worten und Taten, in Gedanken und Gefühlen Ausdruck. Zum größten Teil aber offenbarten sie das Mysterium durch ihr Schweigen. Denn so bleibt das Mysterium an dem ihm gebührenden Platz. Es auf die Erde herabziehen ist dasselbe, wie wenn man einen König von einem Thron auf die Erde herunterzerrte. Aber das Mysterium an seinem wahren Platz in den Sphären des Schweigens lassen, ist soviel, wie einem König huldigen, dem alle Huldigung gebührt. Vom Mysterium des Lebens abgesehen, ist es auch in den kleinen Angelegenheiten des Alltags um so vorteilhafter, je weniger Worte man macht. Erklären viele Worte mehr als wenige? Nein, durchaus nicht. Nur nervöse Unrast ist es, wenn jemand tausend Worte gebraucht, um etwas zu erklären, was sich sehr gut in wenigen Worten darlegen läßt; und wenn ein Zuhörer tausend Worte nötig hat, um etwas zu verstehen, was ebensogut in wenig Worten erklärt werden könnte, so fehlt es ihm an Verstand. Viele denken, daß mehr Worte die Dinge besser erklären, aber sie wissen nicht, dass man meistens ebenso viele Schleier und Hüllen über die Gedanken wirft, als man Worte spricht. Und zum Schluß ist man nicht klüger als zuvor.

Achtung, Rücksicht, Verehrung, Güte, Mitleid und Sympathie, vergeben und danken können, alle diese Tugenden werden noch schöner, wenn man sie feinsinnig bekundet. Man braucht nicht vor Freude zu tanzen, wenn man sich bedankt. Ein Wort des Dankes genügt völlig. Man braucht nicht laut zu rufen: «Seien Sie meiner Sympathie sicher, lieber Freund!» Man braucht nicht auszuposaunen: «Ich habe jemandem verziehen!» Hier geht es um feine und zarte Dinge, die erfühlt sein wollen; kein lautes Getue kann ihnen Ausdruck geben; es zerstört nur ihre innere Schönheit und entwertet sie. Bei geistigen Ideen und Gedanken ist Feinfühligkeit notwendiger als irgendwo sonst. Wollte ein geistiger Mensch seine Erkenntnisse auf den Markt bringen und mit jedem Passanten über Glauben und Unglauben disputieren, wohin würde das führen? Wie kommt es, daß ein geistiger Mensch mit allen Menschen in Einklang lebt? Der Schlüssel zur Kunst des harmonischen Ausgleichs, den der geistige Mensch besitzt, ist Feinfühligkeit im Wahrnehmen wie auch im Bekunden. Ist Feinfühligkeit etwa ein Mangel an Offenheit oder gar Heuchelei? Nicht im geringsten. Es gibt viele Leute, die freimütig sind und ohne zu zögern einem andern die Wahrheit sagen oder gar auf ihn losschlagen, und die auf ihre Offenheit sogar stolz sind. Sie sagen: «Es macht mir gar nichts aus, wenn jemand sich darüber ärgert oder betrübt! Ich sage ja nur die Wahrheit!» Wenn die Wahrheit hart ist wie ein Hammer, dann sage man lieber niemals die Wahrheit, dann folge niemand in der Welt einer solchen Wahrheit! Doch wo ist jene Wahrheit, die uns den Frieden bringt, die uns heilt und Herz und Seele wohltut, jene Wahrheit, die die Seele erhebt und Harmonie und Schönheit schafft? Welcher Quelle entspringt sie? Der verständnisvollen Feinfühligkeit unserer Gedanken und Worte und unseres Tuns, der Verfeinerung unseres Wesens, die Freude und Erquickung, Schönheit, Harmonie und Frieden mit sich bringt.

VI.

Es gibt zwei verschiedene Haltungen, die das Menschengeschlecht in zwei Gruppen teilen: eine ewig klagende und eine immer lächelnde Haltung. Das Leben bleibt sich gleich, ob man es gut oder schlecht, recht oder unrecht nennt. Es ist, wie es ist, und kann nicht anders sein. Mancher beklagt sich, um das Mitgefühl anderer für sich zu gewinnen, um ihnen seine eigenen guten Seiten klarzumachen, oft auch, um ihnen zu zeigen, daß er gerechter und klüger ist als sie und daß er recht hat. Er klagt über alles und jedes, über Freund und Feind, über alle, die er liebt, und noch mehr über jene, die er haßt. Er klagt vom Morgen bis zum Abend, und es ist seines Klagens kein Ende. Das kann sich derart steigern, daß ihm das Wetter, die Luft und die Atmosphäre nicht recht sind, daß er mit Erde und Himmel zankt, daß er alles verkehrt findet, was es auch sei und wer es tue, bis er sich in einen solchen Zustand steigert, daß er sein eigenes Tun und schließlich, als Höhepunkt, sich selbst zu verabscheuen beginnt. Immer ist er «dagegen» — gegen andere, gegen die Verhältnisse und endlich gegen sich selbst. Man darf nicht glauben, daß ein solcher Charakter in der Welt selten vorkommt. Man trifft ihn häufig an. Wer eine solche Haltung hat, ist ganz gewiß selber sein größter Feind. Wer die rechte Haltung und Gesinnung besitzt, versucht, selbst aus Unrecht ein Recht zu machen; wer aber die falsche Haltung hat, verdreht noch

Recht in Unrecht. Außerdem braucht jede Seele Magnetismus, und wenn er ihr fehlt, wird ihr das Leben zur Last. Die Neigung, überall Unrecht zu sehen, beraubt uns zum größten Teil jenes Magnetismus, dessen wir im Leben so sehr bedürfen. Denn das ist das Wesen des Lebens, daß das Leben der Vielheit in der Natur jeden auszuscheiden versucht, der keinen Magnetismus besitzt, und nur denjenigen zuläßt, der mit magnetischer Kraft begabt in die Vielheit tritt. Mit andern Worten: die Welt ist eine Stätte, die man nicht ohne Einreisevisum betreten kann, und dieses Visum heißt Magnetismus; wer es nicht besitzt, wird überall zurückgewiesen werden. Ueberdies trifft man oft Menschen, die andauernd über ihre Gesundheit klagen. Vielleicht liegt Grund dazu vor; doch ist dieser Grund zuweilen sehr geringfügig, wirklich viel zu geringfügig, um überhaupt erwähnt zu werden. Doch wenn man sich angewöhnt hat, auf die teilnahmsvolle Frage, wie es gehe, in negativem Sinn zu antworten, zieht man durch diesen Hang zum Klagen den Krankheitskeim in sich bestimmt groß.

Wollten wir während unseres Lebens in der Begrenztheit dieser Erde, bei dem ständig wechselnden und unsicheren Wesen der irdischen Freuden und Vergnügungen und bei der Falschheit, auf die wir überall stoßen, über alles klagen, so wäre unser Leben zu kurz, um wirklich über alles zu klagen; jeder Augenblick unseres Lebens wäre mit Klagen angefüllt. Der Ausweg heißt: auf die heitere, die gute Seite des Lebens schauen. Besonders für Menschen, die Gott und die Wahrheit suchen, gibt es anderes zu bedenken. Sie brauchen sich nicht zu überlegen, wie böse dieser oder jener ist. Sobald sie bedenken, wer hinter jedem Menschen steht, wer im Herzen jedes Menschen verborgen ist, betrachten sie das Leben voller Zuversicht. Wenn uns alles verkehrt erscheint, brauchen wir nur daran zu denken, daß Gott in seiner Gerechtigkeit und Vollkommenheit hinter allem Geschehen steht. Dann erwacht sicherlich die Hoffnung in uns. Auf alles mit einem Lächeln zu blicken, ist das Merkmal der Seele des Heiligen. Schenkt dem Freunde ein Lächeln, schenkt selbst dem Feinde ein Lächeln, es wird ihn schließlich gewinnen, denn es ist der Schlüssel zum Herzen der Menschen. Wie der Sonnenschein von außen die ganze Welt erhellt, so erleuchtet die aus dem Innern strahlende Sonne, sobald sie aufgegangen ist, das ganze Leben, allem scheinbaren Unrecht, allen Begrenzungen zum Trotz. Gott ist Glück, die Seele ist Glück, der Geist ist Glück. Für Traurigkeit ist im Reiche Gottes kein Platz. Was den Menschen um das Glück bringt, das bringt ihn auch um Gott und um die Wahrheit. Wir können anfangen, lächeln zu lernen, indem wir auch das geringste Gute, das uns im Leben widerfährt, schätzen und über alles Böse, das wir nicht gern sehen wollen, hinwegblicken. Kümmern wir uns nicht zu sehr um unnötige Dinge im Leben, die nur Verdruß bringen. Wenn wir das Leben mit hoffnungsvoller Zuversicht, mit optimistischem Blick betrachten, wird uns die Kraft gegeben, Unrecht in Recht zu wandeln und Licht dorthin zu bringen, wo lauter Dunkel herrscht. Heiterkeit ist Leben, Verdrießlichkeit ist Tod. Das Leben zieht an, der Tod stößt ab. Der Sonnenschein, der aus der Seele kommt, durch das Herz zieht und sich im Lächeln des Menschen äußert, ist in Wahrheit das Licht des Himmels. In diesem Lichte blühen viele Blumen und reifen viele Früchte.

VII.

Arbeiten und nicht viel Aufhebens davon machen ist die beste Art, seine Pflicht auf allen Gebieten des Lebens daheim und außerhalb des Hauses zu erfüllen; das wird von vielen gar wenig bedacht und ist doch so notwendig, um im Leben Ordnung, Harmonie und Frieden zu schaffen. Sehr oft tut jemand nur wenig und spricht viel darüber. Bei der kleinsten Kleinigkeit, die er tut, schlägt er Lärm und schafft sich dadurch sehr oft Schwierigkeiten, statt das Begonnene erfolgreich zu Ende zu führen. Beim Bilden unseres Charakters haben wir uns daran zu erinnern, daß wir zuallererst das Geheimnis und den Charakter der menschlichen Natur begreifen müssen. Wir müssen wissen, daß jeder Mensch auf der Welt sein eigenes Lebensziel, sein eigenes Interesse und seinen eigenen Standpunkt hat und daß er mit sich selbst beschäftigt ist. Wir stören seinen Frieden, wenn wir ihn für unsere eigenen Angelegenheiten interessieren wollen. Wenn wir ihm unseren Standpunkt aufzuzwingen suchen, wird es ihm durchaus nicht angenehm sein, wie nahe und lieb er uns auch sein mag. Sehr wenige Menschen berücksichtigen das; sie wollen ihre eigenen Sorgen und Schwierigkeiten vor irgend jemand ausschütten; sie glauben, jeder habe das gleiche Interesse für ihre Angelegenheiten wie sie selbst, und jeder nehme denselben Standpunkt ein wie sie, und sie meinen, daß jedermann ihre Worte gern anhören werde. Es gibt eine Geschichte von einem Menschen, der jedem neuen Bekannten von seinen Vorfahren zu berichten begann und so lange damit fortfuhr, bis die Geduld seines Zuhörers erschöpft war und dieser schließlich der Erzählung mit den Worten ein Ende machte: «Wenn ich mich für meine eigenen Vorfahren nicht interessiere, was gehen mich dann die Ihrigen an?» Viele Menschen sind darauf versessen, ihrem Nachbarn von jedem Husten und jeder Erkältung zu berichten, die sie sich zugezogen haben; den kleinsten Gewinn oder Verlust möchten sie am liebsten mit Pauken und Trompeten verkünden. Ihr Verhalten ist geradezu kindisch. Ein solcher Hang verrät eine unreife Seele und schreckt zuweilen Freunde ab, während er Feinden einen Vorteil bietet. Menschen, die mit viel Getue arbeiten, vollbringen wenig, denn durch ihr Benehmen locken sie viele Menschen an, die sich dann einmischen und das Werk verderben, das einer allein leicht hätte beenden können.

Ein solches Getue entspringt der Unrast, und Unrast ist das Anzeichen für «tammas», den Rhythmus der Zerstörung. Alle, die auf irgendeinem Gebiet im Leben Erfolg gehabt haben, konnten nur durch ihr stilles und ruhiges Arbeiten dahin gelangen. In Handel und Industrie, in Kunst und Wissenschaft, bei der Erziehung und in der Politik, auf allen Gebieten erweist sich als kluger Arbeiter, wer in der Stille schafft. Er spricht von den Dingen, wenn die Zeit gekommen ist, und nicht vorher. Wer über seine Angelegenheiten spricht, ehe er sie beendet hat, gleicht dem Koch, der in der ganzen Nachbarschaft sein herrliches Essen ankündigt, bevor er es gekocht hat. Im Orient erzählt man sich folgende Geschichte von einem übereifrigen Diener: Sein Herr hatte Kopfweh und sagte ihm, er solle in der Apotheke eine Medizin holen. Der Diener dachte, es genüge wohl nicht, nur die Medizin beim Apotheker zu besorgen; daher bestellte er auch noch den Arzt und sprach auf dem Heimweg sogar noch beim Leichenbestatter vor. Als der Herr fragte: «Warum kommst du so spät?», antwortete der Diener: «Herr, ich habe alles Notwendige veranlaßt.» Eifer ist eine große Eigenschaft im Leben. Er ist schöpferisch; es ist der Schlüssel zum Erfolg; Uebereifer jedoch verdirbt oft alles. Je klüger man ist, desto gemäßigter ist man in allem, was man tut. In einer Fabel heißt es, daß der Esel zum Kamel ging und sagte: «Gevatter, laß uns gut Freund sein, laß uns zusammen auf die Weide gehen.» Das Kamel erwiderte: «Kind, ich gehe lieber allein.» Da sprach der Esel: «Ich möchte doch so gern mit dir gehen, Gevatter!» Gutmütig willigte das Kamel ein, und beide machten sich zusammen auf den Weg. Lange bevor noch das Kamel mit Grasen fertig wurde, hörte der Esel damit auf, und es trieb ihn, sich auszuschreien. So sagte er denn: «Gevatter, ich möchte gerne singen, wenn es dir nichts ausmacht.» Das Kamel entgegnete: «Tu das ja nicht! Es würde für dich und für mich sehr unerfreuliche Folgen haben. Und ich habe meine Mahlzeit noch nicht beendet!» Aber der Esel hatte keine Geduld; vor lauter Lust konnte er nicht länger an sich halten und begann zu singen. Vom Schrei angezogen, eilte der Bauer mit einem langen Knüppel bewaffnet herbei. Der Esel rannte weg, das Kamel aber bekam die Prügel ab. Als der Esel am nächsten Morgen wiederkam, um seinen Gevatter zum Grasen abzuholen, sagte dieser: «Nein, ich bin zu übel zugerichtet. Außerdem ist deine Art von der meinen zu verschieden. Von heut an wollen wir jeder wieder unseren eigenen Weg gehen.» Es besteht ein großer Unterschied zwischen einem ruhigen und einem lauten Menschen. Der eine ist wie ein unruhiges Kind, der andere wie ein Erwachsener. Der eine baut auf, der andere zerstört. In allen Dingen muß man sich eines ruhigen Arbeitens befleißigen. Zuviel Lärm um nichts bringt nur Unruhe und Störung in der Atmosphäre hervor und ist nutzloses Beginnen ohne irgendein Ergebnis. Ebenso der Hang zum Uebertreiben, die Neigung, aus einer Mücke einen Elefanten zu machen. Bescheidenheit, Demut, Sanftmut und Milde, allc dicse Tugenden sind dem eigen, der im Leben ruhig seiner Arbeit nachgeht.

VIII.

Die menschliche Natur besitzt eine Neigung, deren Ursprung in der Neugier liegt, und diese Neugier gibt dem Menschen den Wunsch ein, Kenntnisse zu erwerben. Mißbräuchlich betrieben, artet die Neigung zur Wißbegierde aus. Es ist merkwürdig, daß allen Fehlern eine gute Eigenschaft zugrunde liegt und daß erst der Mißbrauch diese gute Eigenschaft zu einem Fehler macht. Wenn wir bedächten, wie kurz unser Erdenleben ist, würden wir einsehen, daß jeder Augenblick unseres Lebens kostbar ist und daß wir ihn nur einer Sache widmen sollten, die wirklich der Mühe wert ist. Aber wenn wir unsere Zeit der Wißbegierde opfern und über anderer Leute Angelegenheiten Bescheid wissen wollen, verschwenden wir die Zeit, die wir einer viel besseren Sache hätten widmen können. Das Leben bringt so vielerlei Pflichten und Verantwortung mit sich, es gibt so vieles, was man an sich selbst zu verbessern oder wieder gutzumachen hat, so viele eigene Angelegenheiten, um die man sich kümmern muß, wenn man sein Leben recht gestalten will, daß es wohl so scheinen kann, als lebe derjenige in einem Rausch, der alle seine Pflichten und Verantwortlichkeiten beiseite schiebt, um sich und seinen Sinn ganz der Wißbegierde hinzugeben und nur ihr sein Ohr zu öffnen. Der freie Wille ist uns gegeben, damit wir unseren eigenen Pflichten nachkommen, unser eigenes Ziel erreichen und unsere eigenen Angelegenheiten erledigen. Wenn wir diesen freien Willen dazu benutzen, anderer Menschen Schwächen, Mängel und Fehler herauszufinden, so treiben wir ohne Zweifel mit ihm Mißbrauch. Ein Mensch ist zuweilen wißbegierig, weil er am Leben anderer teilnimmt, sehr oft aber nur aus krankhafter Veranlagung. Er hat vielleicht überhaupt kein Interesse an einer Angelegenheit, aber er muß seine Sucht befriedigen und muß über andere hören und Bescheid wissen. Selbstkenntnis ist das Ideal der Philosophen, und nicht die Kenntnis vom Leben anderer. In der Entwicklung des Menschen gibt es zwei Phasen: während der einen Phase achtet er auf andere, während der anderen auf sich selbst. Wenn die erste Phase beendet ist und die zweite einsetzt, dann beginnt der Mensch seine Reise nach dem ersehnten Ziel. Rumi sagt: «Kümmere dich nicht um andere, denn du hast genug über dich selbst nachzusinnen.»

Es ist übrigens ein Zeichen von Achtung gegenüber älteren und verehrten Menschen, wenn man die Neigung unterdrückt, mehr wissen zu wollen, als einem zukommt. Und wenn Eltern und Kinder trotz dem engen Verwandtschaftsverhältnis auf gegenseitige Zurückhaltung achten, so zeugt das von hoher Gesinnung. Vom andern immer alles wissen wollen, ist sehr häufig ein Mangel an Vertrauen. Wer vertraut, braucht nicht zu enthüllen, nicht aufzudecken, was verdeckt ist. Wer etwas enthüllen will, will es aufdecken. Wenn es etwas gibt, was man zuallererst aufdecken sollte, so ist es das eigene Selbst. Die Zeit, die man damit verbringt, andern Menschen und ihrem Leben, ihren Fehlern und ihren Schwächen nachzuforschen, könnte man ebensogut anwenden, um die eigene Seele zu erforschen. Der Wunsch zu wissen ist der Seele angeboren; nur sollten wir erkennen, was wir wissen müssen und was wissenswert ist. Viele Dinge sind es nicht wert, daß man sich mit ihnen abgibt. Wenn wir unsere Zeit und unsere Gedanken dem Bestreben opfern, zu wissen, was wir nicht zu wissen brauchen, so versäumen wir die Gelegenheit, die uns das Leben bietet, das Wesen und das Geheimnis der Seele zu entdecken. Darin aber liegt die Erfüllung unseres Lebenszweckes.

IX.

Es soll daran erinnert sein, daß Klatschsucht ein unedler Charakterzug ist. Zwar ist es natürlich, wenn man der Neigung, über andere zu reden, nachgibt. Vor allem bekundet man große Charakterschwäche, wenn man über jemand hinter seinem Rücken Bemerkungen macht. Zum einen läuft es allem, was wir Aufrichtigkeit nennen, zuwider, zum andern fällt man damit über andere ein Urteil, was nach Christi Lehre: «Richtet nicht, auf daß ihr nicht gerichtet werdet!» ein Unrecht ist. Wer gegen diesen Hang nicht angeht, bildet die Macht zur Nachrede in sich aus. Diese ist ein weitverbreiteter Fehler: Sobald sich zwei Leute begegnen, die die gleiche Neigung haben, kommen sie leicht ins Klatschen. Einer überbietet den andern, einer ermuntert den andern. Und wenn zwei dasselbe behaupten, wird aus der Not eine Tugend, sei es auch nur für den Augenblick.

Wie oft vergessen wir, wenn wir über einen Abwesenden reden, daß Gott gegenwärtig ist; Er hört und weiß alle Dinge. Der Schöpfer kennt seine Geschöpfe, ihre Tugenden und ihre Fehler. Es mißfällt Gott, von Fehlern seiner Geschöpfe sprechen zu hören, ganz wie es dem Künstler mißfällt, abfällige Bemerkungen über seine Kunst zu hören. Auch wenn er die Mängel seines Kunstwerkes erkennt, wird er sie doch lieber selbst feststellen, als daß ein anderer es tut. Wenn jemand ungut von einem anderen spricht, werden seine Worte den andern vielleicht nicht erreichen, seine

Gefühle aber werden ihn erreichen. Wenn dieser andere feinfühlig ist, spürt er, daß jemand etwas gegen ihn gesagt hat, und wenn er den sieht, der so über ihn geredet hat, kann er, falls er sensitiv ist und richtig zu sehen weiß, ihm alles Gesprochene vom Gesicht ablesen. Die Welt gleicht einem Haus voller Spiegel; einer spiegelt sich im andern wider. Wohl scheint vieles auf Erden verborgen zu sein, in Wirklichkeit aber bleibt nichts verborgen; früher oder später tritt alles zutage und offenbart sich dem Blick.

Nur wenige Menschen wissen, welche Rückwirkung es auf uns hat, wenn wir schlecht von anderen sprechen, und welchen Einfluß es auf unsere Seele ausübt! Nicht nur daß unser Ich im Innern einem Dome gleicht, wo alle unsere Worte ein Echo haben; dieses Echo ist auch schöpferisch und macht das gesprochene Wort zur Wirklichkeit. Alles Gute und Böse in unserem Leben entwickelt sich in dem Maße, als wir daran Anteil nehmen. Alle unsere Fehler beachten wir solange nicht, als sie klein sind. Und so lassen wir diese Fehler sich entwickeln, bis sie uns zu einem Mißerfolg führen. Das Leben ist so kostbar und wird um so wertvoller, je bedachtsamer der Mensch wird, und jeden Augenblick des Lebens können wir einem höheren Zweck dienstbar machen. Das Leben ist eine Gelegenheit, und je mehr wir dies erkennen, desto mehr werden wir uns bemühen, die Gelegenheit, die uns das Leben bietet, auf das beste zu nutzen.

X.

Der Geist der Großmut baut einen Weg zu Gott, denn Großmut strahlt aus und entspringt der Spontaneität; es liegt in ihrem Wesen, nach einem weiten Horizont zu streben. Darum kann man Großmut als Herzensgüte bezeichnen. Großmut braucht sich nicht unbedingt im Geldausgeben zu bekunden; sie kann in ganz kleinen Dingen zum Ausdruck kommen. Großmut ist eine Haltung, die sich auch bei der unbedeutendsten Handlung in unserem Verhalten gegenüber Menschen äußert, mit denen wir im täglichen Leben in Berührung kommen. Ein Lächeln, ein gütiger Blick, ein warmer Händedruck, einem jüngeren Menschen als Zeichen der Ermutigung, der Anerkennung oder der Zuneigung liebevoll auf die Schulter klopfen, kann eine Aeußerung der Großmut sein. Man kann sie bekunden, indem man seinem Mitmenschen gefällig ist, indem man ihn freundlich willkommen heißt, indem man einem Freunde Lebewohl sagt. In Gedanken, in Worten und in Taten, auf jede Art und Weise kann sich dieser großzügige Geist, der das Kennzeichen des Gottesfürchtigen ist, offenbaren. Großmut wird in der Bibel mit dem Wort «Liebe» (caritas) bezeichnet. Doch wenn ich eine Auslegung des Wortes «Großmut» zu geben hätte, würde ich es Seelenadel nennen. Nicht Rang noch Stellung noch Macht könen dem Menschen Adel verleihen. Wahren Adel besitzt, wer großmütigen Herzens ist. Was ist Großmut? Seelenadel und Herzensgröße. Je weitherziger wir werden, um so weiter wird auch unser Horizont und um so größer wird das Feld, auf welchem wir das Reich Gottes errichten können.

Niedergeschlagenheit, Verzweiflung, Betrübnis und Traurigkeit aller Art rühren von einem Mangel an Großmut her. Woher kommt Eifersucht? Woher kommen Mißgunst und Neid, die am Herzen fressen? Immer von mangelnder Großmut. Der Mensch mag außer seinem Namen keinen Groschen besitzen und kann doch großmütig und von Adel sein, sofern er nur ein weites Herz voll gütiger Gefühle hat. Das Leben hier auf Erden bietet dem Menschen, welche Stellung er auch innehabe, jede Gelegenheit zu zeigen, ob er großmütigen Geistes ist. Die Veränderlichkeit und Falschheit der menschlichen Natur, die Rücksichtslosigkeit und Unüberlegtheit derer, denen wir im Leben begegnen, die Selbstsucht und der Geist der Habgier und des Erraffenwollens, der die Seele des Menschen trübt und verwirrt, all diese Umstände sind an sich schon eine Prüfung und Probe, die jeder Mensch inmitten des Alltagslebens zu bestehen hat; und wenn er während dieser Prüfung an seinem Grundsatz der Nächstenliebe und Güte festhält und seiner Bestimmung entgegenschreitet, ohne sich durch die aus allen Ecken und Enden der Welt kommenden Einflüsse auf seiner Reise zum Ziel aufhalten zu lassen, so wird er schließlich zum Herrn des Lebens, selbst wenn ihm, am Bestimmungsort seiner Reise angelangt, zwar sein Name, aber sonst nicht ein einziger Rappen verbleibt. Nicht irdischer Reichtum macht den Menschen reich. Wahren Reichtum erwirbt er, wenn er die in seinem Herzen verborgene Goldgrube entdeckt, aus der die Großmut kommt. Der Prophet Mohammed wurde einst gefragt, wer wohl die größte Tugend besitze: der Fromme, der dauernd bete, der Pilger, der die heilige Wallfahrt mache, der Büßer, der Tag und Nacht faste, oder der Gläubige, der die Heiligen Schriften auswendig lerne. «Keiner von allen», antwortete der Prophet, «ist so groß wie der Mensch, der sein Leben lang Großmut und Liebe des Herzens beweist.»

VON DER PERSÖNLICHKEIT

I.

Es gibt zweierlei Menschen: Entweder ist man ein Mensch schlechthin, oder aber man ist eine Persönlichkeit, das heißt ein Mensch, der seine Individualität vervollkommnet, worin ja der Zweck seines Erdendaseins verborgen ist. Die Engel wurden erschaffen, um das Lob des Herrn zu singen, die Djins, um im Reiche der Phantasien zu leben, um zu träumen und zu meditieren; der Mensch dagegen wurde erschaffen, um sich in seinem Wesen menschlich zu erweisen. Dies macht ihn zur Persönlichkeit. Das Leben birgt manche Schwierigkeiten, aber die größte Schwierigkeit besteht darin, die Kunst, eine Persönlichkeit zu sein, zu erlernen, diese Kunst zu verstehen und auszuüben. Man pflegt zu sagen, daß Gott die Natur, der Mensch aber die Kunst erschaffen hat; in Wirklichkeit jedoch bringt Gott in der Gestaltung der Persönlichkeit seine göttliche Kunst zur höchsten Vollendung. Die Anhänger Christi lieben ihn nicht um seiner Lehre willen; darüber reden sie vergeblich hin und her. Nein, sie lieben ihn um dessentwillen, was er selber war. Dies ist es, was seine Anhänger lieben und bewundern. Als Jesus zu seinen Jüngern sagte: «Folget mir nach, ich will euch zu Menschenfischern machen» — was meinte er damit? Er meinte: «Ich will euch die Kunst lehren, eine Persönlichkeit zu sein, und diese Kunst wird gleichsam zu einem Netz im Ozean dieses Lebens hier werden.» Denn jedes Herz — welches auch seine Entwicklungsstufe sein mag —

wird sich von der Schönheit der Kunst, eine Persönlichkeit zu sein, angezogen fühlen. Was sucht ein Mensch beim andern, was erwartet der Freund vom Freunde? Wohl wünscht er, daß dieser reich, in hoher Stellung, von großer Macht, hochbegabt und einflußreich sei; außerdem aber und vor allem wünscht er bei seinem Freunde jene menschlichen Eigenschaften anzutreffen, aus denen die Kunst besteht, eine Persönlichkeit zu sein. Wenn dem Freund diese Kunst fehlt, ist alles andere nicht viel wert und nütze.

Nun erhebt sich die Frage: Wie können wir diese Kunst erlernen? Indem wir Kunst und Schönheit in allen ihren Gestalten lieben. Der Künstler erlernt seine Kunst dadurch, daß er die Schönheit bewundert. Wenn man die rechte Erkenntnis vom Schönen hat, dann erlernt man die Kunst der Künste: die Kunst, eine Persönlichkeit zu sein. Der Mensch kann tausenderlei Befähigungen haben oder Rang und Stellung besitzen, er kann alle Güter der Erde sein eigen nennen, doch wenn es ihm an der Kunst gebricht, eine Persönlichkeit zu sein, wahrlich, dann ist er arm. Wer diese Kunst jedoch besitzt, an dem offenbart sich der dem Reiche Gottes entstammende Seelenadel. Die Kunst ist nicht etwa eine Fähigkeit; sie ist der Zweck, zu dem der Mensch erschaffen wurde, und sie führt den Menschen jenem Zwecke zu, in dessen Erfüllung er völlige Befriedigung findet. Durch diese Kunst schafft der Mensch nicht nur sich selbst Befriedigung, sondern erregt auch Gottes Wohlgefallen. Das Schattenspiel hier auf Erden hat den Zweck, den Weltenherrscher, den die Hindus Indra genannt haben und vor dem die Gandhavas sangen und die Upsaras tanzten, zu erfreuen. Die Deutung dieser Legende ist, daß jede Seele am Hofe Indras tanzen soll. Tanzen lernen, damit man am Hofe Indras vollendet tanzen kann, darin besteht in Wirklichkeit die Kunst, eine Persönlichkeit zu sein. Wer aber sagt: «Wie soll ich tanzen? Ich kann es doch nicht», der macht seinen Zweck zunichte. Denn niemand ist erschaffen, um abseits zu stehen und zuzuschauen, sondern ein jeder ist erschaffen, um am Hofe Indras zu tanzen. Wer sich weigert, verrät dadurch nur, daß er den großen Zweck nicht kennt, um dessentwillen das ganze Spiel auf der Bühne der Erde zur Aufführung gelangt.

II.

Ein dankbarer Charakter gleicht einer Blüte voller Duft. Der erfahrenste und in seiner Lebensaufgabe tüchtigste Mensch, dem Dankbarkeit abgeht, ermangelt jener Schönheit des Charakters, die der Persönlichkeit Duft verleiht. Wenn wir jede kleine Freundlichkeit, die man uns erweist, mit Erkenntnis erwidern, fördern wir die Entwicklung dieses Geistes in unserem Wesen; und dadurch, daß wir es lernen, erheben wir uns auf eine Stufe, wo wir zu gewahren beginnen, wie gütig Gott mit uns ist, wofür wir seiner göttlichen Barmherzigkeit niemals dankbar genug sein können. Saadi, der große Dichter der Sufis, lehrt uns, daß Dankbarkeit das Mittel ist, durch welches wir Gottes Wohlgefallen, Vergebung und Gnade auf uns zu lenken und dadurch unsere Seele zu retten vermögen. Trotz allen Schwierigkeiten und Kümmernissen des Alltags können wir für vieles im Leben dankbar sein. Saadi sagt: «Sonne und Mond, Regen und Wolken, alle sorgen für deine Nahrung, und es wäre unrecht von dir, wolltest du es nicht dankbaren Herzens anerkennen.» Man kann Gottes Güte nicht auf einmal begreifen, es braucht Zeit dazu. Aber kleine Beweise von Güte, die wir von unseren Mitmenschen empfangen, können wir erkennen und können dafür dankbar sein, wenn wir nur willens sind. So können wir unsere Dankbarkeit entwickeln und sie als eine auserwählte Form der Schönheit in unseren Gedanken, Worten und Taten offenbaren. Solange wir wägen und messen und sagen: «Das habe ich für dich getan. Doch was hast du für mich getan?» oder: «Ich bin freundlich zu dir gewesen. Doch warst du gut zu mir?», verschwenden wir unsere Zeit in nutzlosem Streiten über Dinge, die sich nicht in Worte fassen lassen; überdies verschütten wir so den Quell der Schönheit, der aus der Tiefe unseres Herzens aufsteigt. Das erste, was wir auf dem Pfad der Dankbarkeit lernen können, besteht darin, daß wir vollkommen vergessen, was wir für andere tun, und daß wir nur dessen eingedenk sind, was andere für uns getan haben. Während unserer ganzen Reise auf dem geistigen Pfad ist es unsere vornehmste Aufgabe, unser falsches Ich zu vergessen, damit wir so eines Tages zur Erkenntnis jenes Seins gelangen, das wir Gott nennen. Es war einmal ein Sklave namens Ayaz. Mit neun anderen Sklaven wurde er vor den König gebracht, der sich unter ihnen einen Leibdiener aussuchen wollte. In seiner Weisheit gab der König jedem der zehn ein Weinglas in die Hand und befahl ihnen, die Gläser auf den Boden zu werfen. Alle gehorchten dem Befehl, worauf der König jeden einzelnen fragte: «Warum tatest du das?» Und jeder antwortete: «Weil Eure Majestät es so befohlen hat», wie es ja ganz der Wahrheit entsprach. Aber als der zehnte, Ayaz, an die Reihe kam, erwiderte er: «Vergib mir, Herr! Ich bereue es.» Denn er wußte, daß der König seinen eigenen Befehl kannte, und daß er diesem nichts Neues sagen würde, wenn er antworten sollte: «Weil du es mir befohlen hast.» Die Schönheit der Entgegnung gefiel dem König so gut, daß er Ayaz zu seinem Leibdiener erwählte. Es währte nicht lange, bis Ayaz das Vertrauen und die Zuneigung des Königs erworben hatte, der ihm alsbald die Aufsicht über die Schatzkammer, wo kostbare Juwelen aufbewahrt waren, übertrug. Der schnelle Aufstieg Ayaz' vom Sklaven zum Schatzmeister des Königs, einer viel begehrten Stellung, machte viele Leute neidisch. Als sie erfuhren, daß Ayaz beim König in hoher Gunst stand, begannen sie auch schon zahlreiche Gerüchte über ihn auszustreuen, um ihn beim König in Ungnade zu bringen. So erzählten sie, Ayaz ginge Tag für Tag in das Gewölbe, wo die Juwelen verschlossen waren, um sie nach und nach zu stehlen. Der König aber erwiderte ihnen: «Nein, das kann ich nicht glauben; das müßt ihr mir erst beweisen.» Sie führten den König an eine Stelle, wo er durch ein Loch in der Wand die Juwelenkammer übersehen und beobachten konnte, was dort vor sich ging: Ayaz trat ein und öffnete die Tür des Juwelenschreins. Und was entnahm er ihm? Das alte, zerfetzte Gewand, das er als Sklave getragen hatte. Er küßte es, drückte es an die Augen und legte es auf den Tisch. Er hatte Weihrauch angezündet, und was er tat, war ihm eine heilige Handlung. Er legte das alte Gewand an, betrachtete sich im Spiegel und sprach zu sich selber wie einer, der ein Gebet spricht: «Merk auf, Ayaz», sagte er, «und sieh', was du früher warst. Der König hat dich erhöht und dir seinen Schatz in Verwahrung gegeben. So halte denn diese Aufgabe für deine heiligste

Pflicht und diese Ehre für ein Privileg und sei der Liebe und der Güte des Königs eingedenk. Wisse, daß es nicht dein Verdienst ist, dem du deine Stellung verdankst. Wisse, daß der König in seiner Größe, Güte und aus hohem Sinn deine Fehler übersieht und dir Rang und Stellung schenkte, um deretwillen du nun hochgeehrt bist. Vergiß darum nie deinen ersten Tag, den Tag, an dem du diese Stadt betratest, und die Erinnerung an diesen Tag wird deinen Sinn auf rechter Bahn erhalten.» Dann legte er das Gewand wieder ab, verwahrte es im Schrein und ging hinaus. Doch wen sieht er vor der Tür? Seinen König, vor dem er sich verneigt, und der in Ungeduld darauf wartet, ihn in die Arme zu schließen und ihm zu sagen: «Welche Lehre hast du mir gegeben, Ayaz! Eine Lehre, die wir alle beherzigen müssen, welches auch unsere Stellung sein möge. Denn in Gegenwart des Königs, dessen Sklaven wir alle sind, darf nichts uns vergessen machen, daß wir aus der Hilflosigkeit zum Sein gebracht und erhoben und zum Leben erweckt wurden, damit wir tun und erkennen und ein Leben der Freude leben. Man hat mir hinterbracht, daß du Juwelen aus meiner Schatzkammer gestohlen hast; doch als ich hieher kam, da fühlte ich, daß du mir das Herz gestohlen hast.»

III.

Jeder Impuls hat Einfluß auf Wort und Tat. Deshalb übt natürlich jeder Impuls in Worten und Taten seine volle Kraft aus, es sei denn, daß man sich beherrscht. Es gibt zwei verschiedene Typen von Menschen: die einen haben die Kraft erworben, ihre Worte und Taten zu beherrschen, falls diese in voller Kraft wirken und sich schroff bekunden möchten; die anderen lassen dem Naturtrieb ihres Impulses, der sich in Wort und Tat äußern will, mechanisch und ohne darüber nachzudenken freien Lauf. Menschen vom ersten Schlag kann man als Menschen von Adel bezeichnen, die anderen aber als Menschen schlechthin. Adel und Vornehmheit gehören in erster Linie zu einer Persönlichkeit. Man kann sehen, wie Vornehmheit in jeder Kunstgattung die Hauptsache ist. In der Malerei, bei Zeichnungen, in Linie und Farbe spricht Vornehmheit die Seele am meisten an. Das gleiche erleben wir auch bei der Musik. Ein Musiker kann ein Virtuos sein, die schnellsten Tempi und alle Technik beherrschen, doch nur sein vornehmer Anschlag bringt Schönheit hervor.

Jegliche Verfeinerung liegt hauptsächlich in der Vornehmheit. Aber woher kommt Vornehmheit? Sie kommt von unserer Rücksichtnahme, von unserer Achtung her, und wir bekunden unsere Vornehmheit, indem wir uns beherrschen. Ein hindostanisches Sprichwort lautet: «Je schwächer der

Mensch ist, um so schneller wird er zornig.» Der Grund liegt darin, daß ein solcher Mensch seine Nerven nicht im Zaum zu halten vermag. Mangel an Selbstbeherrschung ist oft die Ursache mangelnder Vornehmheit. Ohne Zweifel kann man Vornehmheit durch rücksichtsvolles, achtungsvolles Verhalten erwerben. Man muß sich angewöhnen nachzudenken, ehe man spricht oder handelt. Von unserem Reden und Tun abgesehen, dürfen wir den Gedanken an Schönheit nie aus dem Sinn verlieren. Wir müssen begreifen, daß es nicht genug damit ist, daß man redet oder handelt, sondern wir müssen alles in Schönheit sagen oder tun. An ihrer Vornehmheit erkennt man die Entwicklungsstufe einer Nation und einer Rasse. Desgleichen bekundet die Seele die Fortschritte ihrer Entwicklung durch ihre Vornehmheit. Nationen, Rassen und Individuen beweisen, daß sie in ihrer Entwicklung zurückgeblieben sind, wenn es ihnen an Vornehmheit gebricht. Den gegenwärtigen Zuständen in der Welt nach scheint die Pflege der Persönlichkeit recht vernachlässigt worden zu sein. Von Habgier und Kampflust im Wettstreit des Lebens berauscht, vom Krämergeist der Zeit in Bann geschlagen, jagt der Mensch nur nach dem Erwerb für des Tages Notdurft; die Schönheit aber, nach der seine Seele hungert, hat er aus den Augen verloren. Sein Interesse für das Lebendige im Leben, für Wissenschaft, für Kunst und Philosophie, bleibt in Ermangelung der Pflege seiner Persönlichkeit nur Stückwerk. Wie treffend unterscheidet die englische Sprache zwischen «man» und «gentleman» — zwischen Mann und Edelmann!

IV.

Hinter dem menschlichen Impuls verbirgt sich eine Neigung, die man als Neigung zur Ueberredung bezeichnen kann. Sie äußert sich sowohl auf grobe, ungeschliffene Art wie auch in verfeinerter Gestalt. In der zuerst genannten Gestalt ist sie ein Fehler, in ihrer anderen Gestalt ein Irrtum. Wer gröblich überreden will, drängt und zwingt den andern, mit ihm übereinzustimmen, ihn anzuhören oder nach seinem Willen zu handeln, indem er dazu sich mit ihm herumschlägt, mit ihm Streit anfängt oder unangenehm wird. Dank seiner Willenskraft oder seiner höheren Stellung im Leben erreicht ein solcher Mensch oft, was er will. Dadurch ermutigt, bleibt er bei dieser Methode, bis er einmal findet, daß sie ihm einen Mißerfolg eingebracht hat — vorausgesetzt, daß er dies jemals einzusehen vermag. Die andere Methode des Ueberredens ist vornehmer. Sie übt einen Druck auf die Gutmütigkeit, die Freundlichkeit und die Höflichkeit des andern aus, wodurch sie dessen Geduld erschöpft und seine Sympathie bis aufs äußerste auf die Probe stellt. Auf diese Weise erreicht man zwar momentan, was man will, aber man verärgert schließlich alle, an denen man seine Ueberredungskünste versucht. Beweist dies nicht, daß es leichter ist, etwas durchzusetzen, als auf die Gefühle anderer Rücksicht zu nehmen? Selten findet man einen Menschen in der Welt, der auf die Gefühle anderer Rücksicht nimmt, auch wenn er dabei auf die Erfüllung seiner eigenen

Wünsche verzichten muß. Nach Freiheit verlangt jeder, aber nur für sich. Wenn er die gleiche Freiheit für seine Mitmenschen suchte, wäre er wahrhaft frei.

Der Hang zur Ueberredung ist ohne Zweifel das Anzeichen großer Willensstärke; sie zehrt an der Schwäche der anderen, die sich dann fügen und aus Liebe und Mitgefühl, aus Freundlichkeit und Güte oder aus Höflichkeit nachgeben. Aber alles hat seine Grenzen. Einmal reißt die Saite — eine Saite ist schließlich nur eine Saite und kein Drahtseil. Sogar das Drahtseil reißt, wenn es zu straff gespannt wird. Nicht jedermann kann die Zartheit des menschlichen Herzens begreifen. Menschliches Fühlen ist für ein gewöhnliches Wahrnehmungsvermögen zu fein.

Womit kann man eine Seele vergleichen, die ihre Persönlichkeit entfaltet? Sie gleicht weder der Wurzel noch dem Stengel einer Pflanze noch ihren Verästelungen und Blättern; sie gleicht der Blüte — der Blüte mit ihrem Duft, ihrer Farbe und Zartheit.

V.

Die ganze Schöpfung ist die Offenbarung jenes Geistes des Logos, den der Sufi «Kibria» heißt. In jedem Geschöpf äußert sich dieser Geist als Eitelkeit, Hochmut oder Eigendünkel. Wäre dieser Geist nicht in jedem Wesen als Haupttriebfeder des Lebens am Werk gewesen, so gäbe es in der Welt weder Gut noch Böse, weder groß noch klein. Alle Tugenden und alle Laster entspringen diesem Geiste. Die Kunst, unsere Persönlichkeit zu pflegen, besteht darin, die scharfen Kanten dieses Geistes der Eitelkeit abzurunden, da sie die Menschen, mit denen wir zusammenkommen, verletzen und stören. Wer «ich» sagt, wird, je öfter er es ausspricht, seine Zuhörer nur um so mehr vor den Kopf stoßen.

Eitelkeit, die sich brutal kundtut, nennt man Hochmut; äußert sie sich in ansprechender Form, so bezeichnet man sie eben als Eitelkeit. Viele Menschen sind gut erzogen und höflich, wissen ausgezeichnet zu sprechen und fein aufzutreten; wenn aber der Geist der Eitelkeit in ihnen ausgeprägt ist, kommt er trotz allem guten Benehmen, trotz der gepflegten Sprache zum Vorschein und verkündet sein Dasein im Denken, Sprechen und Handeln des Betreffenden, als riefe er laut: «Ich bin, der ich bin!» Selbst wenn ein solcher Mensch auch nicht ein Wort spräche, seine Eitelkeit bräche noch im Ausdruck seines Blickes durch. Nichts ist schwieriger, als diesen Geist niederzuhalten und zu überwachen. Für Menschen, die nach Geistigkeit streben, ist der Kampf mit ihren Leidenschaften und Affekten, die über kurz oder lang mit mehr oder weniger Anstrengungen beherrscht werden können, nicht so schwer wie das Ringen mit der Eitelkeit, die immer wieder nachwächst. Fällt man ihren Stamm, dann lebt niemand weiter, denn sie ist des Menschen ureigenstes Sein; sie ist das «Ich», das Ego, die Seele oder Gott in uns. Ihr Dasein läßt sich nicht verleugnen. Aber indem wir mit ihr ringen, verfeinert sie sich mehr und mehr, so daß allmählich immer erträglicher wird, was sonst in ungeschliffener Form unerträglich ist.

Die Eitelkeit verhält sich wie der Wunderstrauch. Wir sehen ihn im Garten als Dorngestrüpp wuchern. Reißen wir ihn aus, so wird er an einer anderen Stelle des Gartens als Obstbaum wachsen; reißen wir ihn wieder aus, so wird er an einer dritten Stelle des Gartens als duftender Rosenstrauch auferstehen. Es ist derselbe Strauch, doch in viel schönerer Gestalt, der allen Glück bringt, die ihn berühren. Die Kunst, unsere Persönlichkeit zu kultivieren, besteht somit nicht darin, die Eitelkeit im Keime auszurotten — sie kann nicht ausgerottet werden, solange wir leben —, wohl aber, ihre rohe äußere Hülle zu vernichten, auf daß sie mehrfachen Todes sterbe und schließlich sich zum Wunderbaum entfalte.

VI.

In einer Betrachtung über die Kunst, sich zur Persönlichkeit zu entwickeln, kann die Frage der Würde, mit anderen Worten: der Selbstachtung, nicht außer acht gelassen werden. Was ist Würde? Wie verhält man sich würdig? Die Antwort lautet: Man muß jede Art von Leichtsinn und jede Neigung zur Leichtfertigkeit aus seinem Wesen ausrotten, um jene Würde zu erlangen, die für jeden Menschen kostbar ist. Wem nichts daran liegt, der braucht sich auch nicht darum zu kümmern, wohl aber derjenige, für welchen Selbstachtung etwas bedeutet. Wer sich selbst achtet, wird auch von anderen geachtet werden, wobei seine Macht, sein Vermögen, seine Stellung und sein Rang nicht in Betracht fallen. In jeder Stellung oder Lebenslage wird ein solcher Mensch Achtung gebieten.

Nun frägt es sich: Ist denn im Leben kein Platz für Frohsinn vorhanden, oder ist Frohsinn im Leben überhaupt unnötig? Alles ist nötig, aber ein jegliches hat seine Zeit. Würde bedeutet nicht, ein langes Gesicht machen; Achtung einflößen wollen heißt nicht, die Stirn runzeln; eine verkrampfte, steife Haltung ist keineswegs das Zeichen von Ehrbarkeit; Würde besteht nicht in Trauern oder Niedergeschlagenheit, sondern nur darin, daß wir unser Verhalten dem Erfordernis des Augenblicks anpassen. Lachen hat seine Zeit, und Ernsthaftigkeit hat ihre Zeit. Wer allzeit lacht, dessen Lachen verliert seine Kraft; wer immer übermütig und ausgelassen ist, dem legt die Gesellschaft nicht das nötige Gewicht bei; außerdem verletzen wir im Uebermut oft andere Menschen, ohne es zu wollen.

Wer sich selbst nicht achtet, achtet auch seine Mitmenschen nicht. Er meint im Augenblick vielleicht, er sei über alles Herkommen erhaben, er drücke sich frei aus und sei in seinen Gefühlen ein freier Mensch; doch weiß er nicht, daß er dadurch so leicht und haltlos wird wie ein Blatt Papier, das vom Wind getrieben dahin und dorthin flattert. Das Leben gleicht dem Meere, und je weiter die Seereise geht, um so fester muß das Schiff gebaut sein. So muß der Weise, der sich in diesem Ozean des Lebens sein Leben schaffen will, ein gewisses Gewicht besitzen, das seiner Persönlichkeit Gleichmaß verleiht. Dieses Gewicht erlangen wir durch Weisheit; sein Nichtvorhandensein ist ein Zeichen von Torheit. Ein Krug voll Wasser ist schwer; ist kein Wasser im Krug, dann ist er leicht, ganz wie der Mensch ohne Weisheit leichtfertig ist. Je mehr wir uns mit der Kunst befassen, uns zu einer Persönlichkeit zu entwickeln, je mehr wir diese Kunst verstehen, um so klarer wird es uns, daß wir dem Ziel der Schöpfung dadurch entgegenschreiten, daß wir unsern Charakter veredeln. Alle Tugenden, gepflegtes Benehmen und schöne Eigenschaften sind das Ergebnis des Adels unseres Charakters. Was aber macht den Adel des Charakters aus? Die Weite unseres Horizonts.

VII.

Jeder edelgesinnte Mensch achtet und hält sein Wort, sein Ehrenwort, wie wir es nennen. Diese Eigenschaft äußert sich als ein ganz natürlicher Zug seines Wesens. Er identifiziert sich mit seinem Wort. Dies kann sich derart steigern, daß er sogar sein Leben für sein Wort opfern würde. Wer diese Stufe erreicht hat, ist Gott nicht mehr fern, denn in den Heiligen Schriften heißt es oft: «Suchst du nach mir, so finde mich in meinen Worten.» Kann man Gott in seinen Worten finden, so kann man auch den wahrhaftigen Menschen an seinem Wort erkennen. Freude und Leid, Güte und Bitterkeit, Ehrlichkeit und Unehrlichkeit — alles läßt sich den Worten eines Menschen entnehmen. Denn das Wort ist der Ausdruck des Gedankens und der Gedanke der Ausdruck des Gefühls. Und was ist der Mensch? Er ist, was er denkt und fühlt. Was ist daher das Wort? Es ist der Ausdruck des Menschen, der Ausdruck seiner Seele.

Ein Mensch, auf dessen Wort man bauen kann, ist zuverlässig. Dem Ehrenwort läßt sich kein Schatz der Welt vergleichen. Wer meint, was er sagt, beweist durch diese Tugend seine Geistigkeit. Einem wahrhaftigen Menschen ist es ärger als der Tod, sein Wort nicht erfüllen zu können, es zurücknehmen zu müssen, denn es ist für ihn ein Rückwärtsschreiten an Stelle eines Fortschritts. Jeder Mensch strebt seinem Ziele zu, und wer wirklich vorankommt, beweist es durch sein Wort. Heutzutage, wo so viele Gerichte und Rechtsanwälte notwendig geworden sind, wo man so zahlreiche Gefängnisse unterhalten muß, die sich von Tag zu Tag mehren, kann man aus alledem ersehen, wie selten diese Tugend geworden ist, die von allen edelgesinnten Menschen seit den Uranfängen der Zivilisation hochgehalten wurde. Durch diese Eigenschaft beweist der Mensch die Tugenden seines Menschentums — eine Eigenschaft, die weder den Tieren eigen noch ein Attribut der Engel ist. Was ist Religion? Religion im wahren Sinn des Wortes liegt jenseits alles Erklärens. Sie ist ein feiner Faden, den zu berühren heikel ist. Sie ist zu heilig, als daß man an sie rühren darf. Sie ist das Ideal, das man entweihen kann, wenn man daran rührt, und welches man eben als jene Empfindlichkeit, als Achtung vor dem Wort, als Worthalten, wahrnehmen kann. Sie ist jene Empfindlichkeit, die man auch als Geistigkeit bezeichnen kann. Viele Menschen haben sich in dieser Welt Opfern unterziehen, haben Leid und Schmerz über sich ergehen lassen müssen; es geschah jedoch nur, um die Tugend ihrer Worttreue zu erproben. Denn jede Tugend muß die Feuerprobe bestehen. Und erst wenn sie sich dabei bewährt hat, wird sie standfest. Dies können wir bei jeder Kleinigkeit, die wir im täglichen Leben tun, erfahren. Wer etwas sagt und im nächsten Augenblick etwas anderes behauptet, beginnt in seinem Herzen sogar sich selbst zu mißtrauen. Bei den Großen, die von Zeit zu Zeit auf die Erde kamen und die ihre vielen großen Tugenden bewiesen haben, war Worttreue sehr ausgeprägt. Noch bevor Mohammed als Prophet in der Welt auftrat, wurde er von seinen Freunden schon Amin — der Vertrauenswürdige — genannt. Die Geschichte von Haris Chandra ist den Hindus seit Urzeiten bekannt, und sein Beispiel hat sich dem Sinn der ganzen Rasse eingegraben. Die Geschichte Hatims, eines Sufis unter den Anhängern Zarathustras, hat das persische Volk mit Begeisterung erfüllt. In allen Teilen der Welt und zu allen Zeiten werden Menschen, die besinnlich sind und ein Ideal haben, dem Ehrenwort höchsten Wert beimessen.

VIII.

Jeder Mensch besitzt in größerem oder kleinerem Maße Sinn für Maßhalten und den Hang dazu. Und wenn dieser Hang im Verkehr mit Menschen, die unserer Umgebung angehören oder mit denen wir zusammenkommen, am Werk ist, entwickelt sich unsere Persönlichkeit. Der Wunsch, andere durch geduldiges Verhalten zu schonen, statt ihre Geduld auf die letzte Probe zu stellen, entspringt dem Hang zum Maßhalten und zeugt von höherem Verständnis dafür. Wenn wir uns bemühen, andern einen Energieaufwand im Denken, Sprechen und Tun zu ersparen, so bedeutet dies eine Energieersparnis für den andern, und unsere eigene Persönlichkeit gewinnt dadurch an Schönheit. Wer das nicht weiß, fällt mit der Zeit seinen Mitmenschen zur Last. Vielleicht ahnt er es nicht, aber er kann zur Plage werden, weil er weder auf seine eigene Energie noch auf seine Mitmenschen Rücksicht nimmt. Diese Rücksicht wird in uns wach, sobald wir den Wert des Lebens zu erkennen beginnen. Sobald wir diese Frage zu bedenken anfangen, erübrigen sich für uns alle unnötigen Gedanken, Worte und Taten, und wir machen von unseren eigenen Gedanken, Worten und Taten sparsamen Gebrauch. So lernen wir sowohl unser eigenes Tun und Leben als auch dasjenige unserer Mitmenschen richtig schätzen. Die Zeit, die wir auf Erden verbringen, ist äußerst kostbar, und je sparsamer wir mit Zeit und Kraft, diesen wertvollsten Gütern, umgehen, desto besser können wir unser Leben gestalten. Vom Selber-Sprechen abgesehen, ist es auch eine ständige Anspannung, einen andern sprechen zu hören; es bringt einen um Zeit und Energie. Wer nicht verstehen kann oder nicht zu verstehen sucht, was knapp ausgedrückt ist, wer in einen langen Satz kleiden will, wofür ein Wort genügt, hat wahrlich keinen Sinn für Maßhalten. Denn Geldsparen ist weit weniger wichtig, als mit unserem Leben und unserer Energie und auch mit denjenigen unserer Mitmenschen haushälterisch umzugehen. Im Verkehr mit andern sollten wir um der Schönheit, der Anmut und der Achtung willen nie eine gewisse Grenze überschreiten. Man kann einen Freund, einen Bekannten und einen Fremden nicht mit demselben Maß messen. Auch hier muß man überlegen, wo eine Einschränkung geboten ist. Ohne Sinn für Maßhalten kann man die Güte, die Freundlichkeit, die Langmut und Ausdauer anderer derartig in Anspruch nehmen, daß sich schließlich beiderseits nur Nachteile daraus ergeben. Wer verständig genug ist, sein eigenes Interesse im Leben wahrzunehmen, kann klug genannt werden; weise aber ist, wem die Interessen seiner Mitmenschen mehr bedeuten als seine eigenen, denn dadurch handelt er unbewußt auch zu seinem eigenen Vorteil. Diesen Sinn für Maßhalten wenden wir im Leben auf die Dinge des Alltags an; in einer höheren Form, in Gestalt von Bedachtsamkeit und Rücksicht angewandt, macht uns dies noch fähiger, anderen zu dienen, was ja die Religion der Religionen ist.

IX.

Wenn man eine Verfeinerung des Charakters, im Leben notwendige Verdienste und Tugenden erreicht hat, kann man der Persönlichkeit durch Erwecken des Gerechtigkeitsgefühls die letzte Vollendung geben. Die Kunst, eine Persönlichkeit zu sein, erschafft eine Statue, ein edles Kunstwerk. Und wenn das Gerechtigkeitsgefühl erwacht, beginnt die Statue zu leben, denn das Geheimnis der Entfaltung unserer Seele liegt im Gerechtigkeitsgefühl. Jedermann kennt Gerechtigkeit dem Namen nach, aber selten findet man einen Menschen, der von Natur aus wirklich gerecht ist und in dessen Herz das Gerechtigkeitsgefühl erwacht ist. Meistens ist es so, daß jeder sich für gerecht hält, wenn er auch weit davon entfernt ist. Die Entwicklung des Gerechtigkeitsgefühls hängt von der Selbstlosigkeit ab, da man nicht gleichzeitig gerecht und selbstsüchtig sein kann. Der egoistische Mensch kann gerecht sein, allerdings nur für sich selbst. Er hat sein eigenes Gesetz, so wie es ihm am besten paßt; und er kann es abändern, wobei ihm sein Verstand behilflich sein wird, damit es mit den Erfordernissen seines Lebens übereinstimmt. Ein Funke Gerechtigkeitsgefühl findet sich in jedem Herzen, bei jedermann, auf welcher Entwicklungsstufe er auch stehen mag; wer aber Recht und Billigkeit liebt, der entfacht gewissermaßen den Funken zur hellen Flamme, in deren Schein ihm das Leben klarer wird.

Es wird gar viel über Gerechtigkeit geredet, erörtert und gestritten; am Ende aber wird man feststellen, daß zwei Menschen über einen bestimmten Punkt miteinander diskutieren und nicht einig sind. Jeder der beiden denkt, daß er im Recht ist, und keiner wird zugeben, daß der andere genau so recht hat wie er selber. Wer wirklich gerecht zu sein lernt, hat stets als erstes die Lehre Christi vor Augen: «Richtet nicht, auf daß ihr nicht gerichtet werdet.» Man könnte einwenden: Wie kann man Gerechtigkeit erlernen, wenn man nicht richten soll? Wer sich selbst richtet, kann lernen, gerecht zu werden, nicht aber, wer über andere zu richten pflegt. Wer in diesem Leben der Begrenztheit sich selbst erforscht, wird in sich selber gar viele Schwächen und Fehler und in seinem eigenen Verhalten zu anderen so viel Unbilligkeit und Ungerechtigkeit finden, daß er, falls er wirklich gerecht werden will, in seinem eigenen Leben genügend Anlaß finden wird, sein Gerechtigkeitsgefühl zu betätigen. Auch hier kommt in unserem Leben ein Stadium, ein Höhepunkt des Lebens, ein Stadium der höheren Entwicklung unserer Seele, wo Gerechtigkeit und Redlichkeit einen solchen Grad erreicht haben, daß wir nicht mehr zu tadeln vermögen. Wir haben an niemand mehr etwas auszusetzen, es sei denn an uns selbst. Hier angelangt, beginnen wir die göttliche Gerechtigkeit zu sehen, die sich hinter der Erscheinungswelt verbirgt. Diese Erkenntnis tritt wie eine Belohnung von oben in unser Leben, wie eine Belohnung, die uns von Gott als Pfand anvertraut ist, auf daß wir alles, was gerecht oder ungerecht schien, im hellen Strahlenglanz der vollkommenen Gerechtigkeit erblicken.

X.

Die Kunst, uns zur Persönlichkeit zu entwickeln, gleicht der Musikpflege; auch sie erfordert Uebung und Schulung der Stimme. Wer die Musik des Lebens erfaßt, dem fällt die Kunst, zur Persönlichkeit zu werden, ganz natürlich zu, und wem es an dieser Kunst gebricht, der ist nicht nur unkünstlerisch, sondern unmusikalisch. Wer sich jeden Menschen als einen Ton vorstellt und unterscheiden lernt, welcher Ton es ist, ob er erhöht oder herabgesetzt, hoch oder tief ist und welcher Tonart er angehört, der wird zum Menschenkenner und weiß, wie er mit jedermann umzugehen hat. Denn dann offenbart sich an seinen Worten und Taten die Kunst, mit welcher er seine Persönlichkeit zu bilden weiß. Er steht mit dem Rhythmus der Atmosphäre, mit dem Ton seines Mitmenschen und mit dem Thema des Augenblicks im Einklang. Sich verfeinern bedeutet musikalisch werden: der musikalische Mensch ist in seiner Persönlichkeit ein Künstler. In einem anderen Ton gesprochen hat ein und dasselbe Wort eine andere Bedeutung. Sagt man ein Wort im rechten Augenblick, oder hält man es in dem Augenblick zurück, wo man es nicht sagen soll, so gibt man der Musik des Lebens höchste Vollendung.

Im Menschen ist beständig der Trieb vorhanden, Schönes zu schaffen, und dieser Trieb ist ihm behilflich, seine Persönlichkeit zu höherer Kunst zu entwickeln. Es ist amüsant, wie gern der

Mensch sich jede äußerliche Verfeinerung aneignen will, wie schwer dagegen viele Menschen sich bereit finden, diese Kunst auch in ihrem Innenleben auszubilden. Wir dürfen nie vergessen, daß unsere äußeres Auftreten bedeutungslos ist, wenn es nicht vom inneren Schönheitsdrang veranlaßt ist. Wie Gott am Menschen Wohlgefallen findet, kann man an der Legende von Indra, dem König des Paradieses, erkennen, an dessen Hof Ghandavas singen und Upsaras tanzen. In einfachen Worten ausgedrückt bedeutet es, daß Gott die Quintessenz alles Schönen ist. Seine Liebe zum Schönen trieb ihn, seine eigene Schönheit in der Schöpfung zu offenbaren, denn in der Erscheinungswelt erfüllt sich sein Wunsch.

Es ist zuweilen belustigend, wie gutes Benehmen einen Menschen zu reizen vermag, der auf seine schlechten Manieren stolz ist. Er bezeichnet es als oberflächlich, weil sein Stolz am Anblick dessen, was ihm selbst fehlt, Anstoß nimmt. Wer die Trauben nicht erreichen kann, weil sie zu hoch hängen, sagt, sie seien sauer. Manchem ist es auch zuviel, seinen Charakter zu verfeinern, gerade wie manche Menschen gute Musik nicht mögen und sich mit leichterer Musik zufrieden geben. Und auf viele andere wirken gute Manieren ermüdend, weil sie ihrer Natur fremd zu sein scheinen. Es ist kein Verdienst, unmusikalisch zu sein, noch ist es klug, sich einer Verfeinerung zu widersetzen. Wir sollen nur den Versuch unternehmen und nach dem Schönen trachten, im Vertrauen, daß die

Schönheit in der Tiefe unserer Seele und ihre Offenbarung in jeglicher Gestalt das Anzeichen der Entfaltung unserer Seele sind.

XI.

Eine freundliche Haltung, die sich in wohlwollenden Gedanken, Worten und Taten äußert, ist die Hauptsache in der Kunst, die Persönlichkeit zu verfeinern. Das Gebiet, auf dem diese Haltung sich bekunden kann, ist unbegrenzt; wie sehr unsere Persönlichkeit in dieser Hinsicht auch entwickelt sein mag, es ist nie zuviel. Durch Spontaneität und Freigebigkeit, durch Verschenken von Dingen, die seinem Herzen teuer sind, beweist der Mensch diese freundliche Haltung. Wir haben im Leben zahllose Verpflichtungen gegenüber Freund und Feind, Bekannten und Fremden, und wir können sie nicht gewissenhaft genug beachten und müssen unser Bestes tun, um ihnen nachzukommen. Mehr als seine Pflicht und Schuldigkeit tun, übersteigt vielleicht die Kraft des Menschen; aber wenn man tut, was man tun sollte, erfüllt man seinen Lebenszweck.

Das Leben ist ein Rausch, und dieser Rausch hat Nachlässigkeit zur Wirkung. Die Hinduworte «dharma» und «adharma» — Religiosität und Irreligiosität — bedeuten, daß unsere Pflicht «dharma», die Vernachlässigung dieser Pflicht aber «adharma» ist. Wer seinen Verpflichtungen gegenüber jedermann im Leben nicht gewissenhaft nachkommt, ist in der Tat unreligiös. Viele Menschen werden sagen: «Wir wollen unser möglichstes tun, wissen aber nicht, wie!», oder: «Wir wissen nicht, was unsere Pflicht ist», oder auch: «Wie sollen wir wissen, w a s wirklich unsere Pflicht ist und was nicht?» Niemand auf der Welt kann einem andern sagen, was seine Pflicht ist und was nicht. Das muß ein jeder selber wissen und muß sich selber seiner Verpflichtungen wahrhaft bewußt werden. Und je gewissenhafter er dies tut, um so mehr Verpflichtungen wird er entdecken und zu erfüllen haben, und es wird ihrer nimmer ein Ende sein.

Doch was ihm in diesem unausgesetzten Kampf anfangs als ein Nachteil vorkommen mag, erweist sich schließlich als Gewinn. Denn er wird seinem Herrn, dem ewig Wachenden, von Angesicht zu Angesicht gegenüberstehen. Wer im Rausch des Lebens befangen seine Pflicht gegenüber seinen Mitmenschen vernachlässigt, dessen Augen werden von der Gegenwart Gottes geblendet und sein Sinn erschöpft sein. Dies soll nicht heißen, daß jede Seele der göttlichen Vision beraubt sein wird; es bedeutet nur, daß, wer nicht gelernt hat, seine Augen weit offen zu halten, mit geschlossenen Augen vor Gott stehen wird. Alle Tugend entspringt der Weite unseres Ausblicks auf das Leben, alles Verständnis erwächst uns aus der scharfen Beobachtung des Lebens. Der Adel unserer Seele tut sich daher in der weitherzigen Haltung kund, die wir im Leben einnehmen.